ANALIZA KSIĄŻKI

Mapa i terytorium
● ● ● ● ● ● ● ● ● ● ● ● ● ● ● ● ● ●

MICHEL HOUELLEBECQ

ANALIZA KSIĄŻKI

Napisany przez Anna Lamotte
Przetłumaczony przez Kâmil Kowalski

Mapa i terytorium

MICHEL HOUELLEBECQ

MICHEL HOUELLEBECQ

FRANCUSKI POWIEŚCIOPISARZ, POETA, ESEISTA I PRODUCENT.

- **Urodzony na Reunion w 1956 r.**
- **Godne uwagi prace:**
  - *Le Sens du Combat* (1996), zbiór poezji
  - *Platforma* (2001), powieść
  - *Mapa i terytorium* (2010), powieść

Michel Houellebecq (którego prawdziwe nazwisko brzmi Michel Thomas) urodził się na wyspie Reunion w 1958 roku. Po studiach agronomicznych uczęszczał do szkoły filmowej, którą opuścił po uzyskaniu dyplomu. Jego kariera literacka tak naprawdę rozpoczęła się w 1991 roku, kiedy to opublikował opracowanie o H.P. Lovecrafcie (amerykański pisarz, 1890-1937) i próbował swoich sił w poezji. Jednak to jego pierwsza powieść, *Whatever* (1994), sprawiła, że stał się znany szerszej publiczności. W tym mrocznym dziele Houellebecq proponuje gorzki obraz kapitalistycznego społeczeństwa Zachodu, temat, który przenika całą jego twórczość. Kolejne powieści, takie jak *Atomized* (1998) i *Platforma* (2001) ugruntowały jego pozycję na międzynarodowej scenie literackiej. Jego powieść *Mapa i terytorium* została nagrodzona Prix Goncourt w 2010 roku.

MAPA I TERYTORIUM

OBJAWY SPOŁECZEŃSTWA PRZEŻARTEGO NIEPOKOJEM

- **Gatunek:** powieść

- **Wydanie referencyjne:** Houellebecq, M. (2010) *La Carte et le Territoire*. Paris: Flammarion.

- **Wydanie pierwsze:** 2010 r.

- **Tematyka:** sztuka, społeczeństwo konsumpcyjne, rozczarowanie, śmierć, nieszczęście

Mapa i Terytorium (2010) opowiada historię Jeda Martina, malarza i fotografa, i jego stopniowej wspinaczki na rynku sztuki. Syn pogrążonego w depresji ojca, który chce poddać się eutanazji i z którym łączą go napięte stosunki, Jed Martin spotyka na swojej drodze wiele znanych osób, w tym pisarza Michela Houellebecqa. Autor reprezentuje więc w swojej powieści samego siebie. Poruszane są ulubione tematy autora: społeczeństwo konsumpcyjne, w którym króluje pieniądz, seksualna nędza człowieka Zachodu, a także rozczarowanie i kruchość relacji społecznych.

STRESZCZENIE

SERIA ZAWODÓW

Urodzony w zamożnej rodzinie artysta Jed Martin zajął się malarstwem, gdy był zaledwie dzieckiem. Jego ojciec, Jean-Pierre Martin, był architektem. Jego matka popełniła samobójstwo, gdy Jed miał zaledwie siedem lat. Po "studyjnych i smutnych latach dorastania" (s. 49) w jezuickiej szkole z internatem, zapisuje się do akademii Beaux-Arts, gdzie skupia się na fotografii przedmiotów. Potem, gdy jego kariera przybiera korzystny obrót, przestaje fotografować i wchodzi w okres depresji. Od tej pory jego jedynym zajęciem jest oglądanie programu telewizyjnego "Pytanie na mistrza", w którym ludzie są wyzywani na wiedzę ogólną. Później, po śmierci babci, przechodzi obok sklepu z mapami drogowymi marki Michelin, co wywołuje u niego objawienie: zaczyna je fotografować, a następnie wystawiać swoje zdjęcia. W ten sposób poznaje Olgę Sheremoyową z działu komunikacji Michelin, z którą łączy go romantyczny związek. Ona stymuluje jego karierę. Szybko, dzięki finansowemu wsparciu firmy Michelin i pomocy sprawnej agentki prasowej, Marilyn Prigent, Jedowi udaje się zaistnieć w świecie rynku sztuki. Na swojej stronie internetowej jego obrazy sprzedawane są po 2000 euro za sztukę. W końcu, po rozstaniu z Olgą, która otrzymała awans i wyjechała z Francji do Rosji, Jed przerywa współpracę z Michelin i wchodzi w nowy okres kryzysu. Wówczas, wracając do malarstwa, rozpoczyna projekt obejmujący kilka obrazów nazwany przez historyków sztuki *Serią Zawodów*. Jest to grupa obrazów przedstawiających kilka zawodów, zakończona obrazem *Jeff Koons i Damien Hirst Dzielący MArket Sztuki*. Malarz spędza nad nim długi czas, ale nigdy nie udaje mu się go ukończyć. W końcu uznając, że jest to "gówniany obraz" (s. 30), dziarsko go niszczy.

Zaproszony do wystawienia swoich prac przez Franza Tellera, właściciela galerii sztuki, Jed Martin postanawia nawiązać kontakt z pisarzem Michelem Houellebecqiem, aby poprosić go o napisanie katalogu do zaliczenia przyszłej wystawy. Po skontaktowaniu się z pisarzem Frédéricem Beigbederem, Jed postanawia sam pojechać na rezydencję Houellebecqa w Irlandii. Ten ostatni, który okazuje się być cynicznym i zgorzkniałym mizantropem, prowadzi tam samotne życie. W zamian za napisanie katalogu Jed proponuje mu albo 10 000 euro, albo jego portret. Houellebecq bez entuzjazmu wybiera drugą opcję. Obraz ma nosić tytuł *Michel Houellebecq, Pisarz* i jest szacowany na 700 000 euro. Wystawa *Serii zawodów* zostaje w końcu otwarta i odnosi ogromny sukces. Od tej pory najbogatsi ludzie na świecie zlecają Jedowi swoje portrety, płacąc za nie miliony euro.

MORDERSTWO MICHELA HOUELLEBECQA

Pewnego dnia, na modnym przyjęciu u Jean-Pierre'a Pernaud (prezentera telewizyjnego), Jed widzi ponownie Olgę, której nie widział od dziesięciu lat. Ale to spotkanie tylko uwidacznia ich wiek i po upojnej nocy Jed postanawia zostawić Olgę. Następnie udaje się do Michela Houellebecqa i daje mu swój obraz.

Jakiś czas później autor zostaje znaleziony martwy w swoim domu, ścięty, a ciało poszatkowane tak, że tworzy dziwny motyw. Dochodzeniem zajmuje się inspektor policji Jasselin. Oględziny ciała szybko ujawniają, że morderca użył laserowej wycinarki, po wcześniejszym zastrzeleniu pisarza z rewolweru. Badanie komputera Houellebecqa pokazuje, że najwyraźniej nie miał on życia prywatnego. W związku z tym Jasselin i jego koledzy znajdują się bez podejrzanego. Policja natrafia jednak na Jeda Martina, który również boryka się z problemami ze swoim starzejącym się ojcem. Jean-Pierre Martin wciąż powtarza, że ma dość życia i że pragnie poddać się eutanazji.

Pewnego dnia Jasselin zjawia się u Jeda Martina i pokazuje mu zdjęcia poszatkowanych zwłok, które początkowo artysta myli z obrazem Pollocka (amerykański malarz, 1912-1956). Następnie zostaje sprowadzony na miejsce zbrodni, gdzie zauważa, że obraz, który podarował Houellebecqowi, zniknął. Policja dochodzi więc do wniosku, że to nic innego jak zwykła kradzież dzieła sztuki i zamyka sprawę. Jednak trzy lata później, podczas niejasnego śledztwa dotyczącego handlu owadami, portret Houellebecqa zostaje odkryty w domu pewnego chirurga. Obraz, szacowany obecnie na 12 milionów euro, zostaje przekazany Jedowi.

Następnie, gdy zbliża się Boże Narodzenie, Jed dowiaduje się, że jego ojciec udał się do szpitala w Zurychu, aby zakończyć swoje życie.

Jed jest całkowicie bezczynny i postanawia udać się na jakiś czas na emeryturę do dawnego domu dziadków, gdzie natrafia na swoje rysunki z dzieciństwa. Następnie postanawia spędzić resztę życia w małym, odizolowanym miasteczku, gdzie przez ostatnie trzydzieści lat swojego życia pada ofiarą złowrogiej melancholii i filmuje zdjęcia ludzi, których znał (Olga, jego ojciec itd.), które powoli niszczeją pod gołym niebem.

STUDIUM POSTACI

JED MARTIN

Jed Martin jest głównym bohaterem. Ma melancholijne uspo-sobienie, jego życie jest usiane okresami depresji (na przy-kład po studiach fotograficznych). Gdy dzięki spotkaniu z Olgą Szeremojową, która zapoznała go z firmą Michelin, staje się sławnym artystą, jest czymś w rodzaju "obiektu rynko-wego": jego dzieła sztuki cieszą się popytem, a ich ceny zmie-niają się zgodnie z prawami podaży i popytu. Z pomocą potężnego biznesu Michelin i sprawnej agentki prasowej Marilyn Prigent, Jed Martin zdobywa międzynarodowy roz-głos. Jednak ten sukces nie wystarcza, by uczynić go szczęśli-wym i uwolnić od melancholii. Jego życie określa wielka samotność, coś, na co zdają się cierpieć wszyscy bohatero-wie Houellebecqa, a co jest losem współczesnego człowieka, ponieważ jest on skazany na bycie jedynie trybikiem w maszynerii ślepego kapitalistycznego społeczeństwa. Tak jest również w przypadku Jeda Martina, który mimo sukce-sów zawodowych wciąż boryka się z podstawowymi proble-mami, czyli miłością (a potem utratą) kobiety (Olga) oraz konfliktowymi relacjami z figurą ojca (Jean-Pierre Martin).

JEAN-PIERRE MARTIN

Jest on ojcem Jeda Martina. Jest postacią starzejącą się i nie-zwykle przygnębiającą. Po błyskotliwej karierze architekta, teraz starzeje się i żyje w skrajnej samotności w czasie, gdy Jed

Martin osiągnął szczyt swojej kariery. Nieustannie mówiąc o swoim znużeniu życiem, ma tylko jedno życzenie: poddać się eutanazji, co w końcu czyni pod koniec powieści. Między ojcem a synem dochodzi do swoistego rozłamu. Obaj bohaterowie rzeczywiście nie potrafią się ze sobą porozumieć, tym bardziej, że stoi między nimi duch matki Jeda, która popełniła samobójstwo, nadając ich relacji chorobliwy niuans. Ten rodzaj postaci jest częsty w powieściach Houellebecqa. Symbolizuje impotentnego starca ("ze sztucznym odbytem" s. 342), który jest rozgoryczony do cna.

OLGA SHEREMOYOVA

Kochanka Jeda Martina, Olga jest zatrudniona przez Imperium Michelin jako agentka komunikacyjna. Ze swoją bimbo-podobną sylwetką jest niemalże kliszą, o czym świadczy opis jej pierwszego pojawienia się w powieści: "Ze swoją bladą, niemal półprzezroczystą skórą, platynowymi blond włosami i wybrzuszonymi kośćmi policzkowymi doskonale odpowiadała wyobrażeniu o słowiańskim pięknie" (s. 64). Zakochana w Jedzie Martinie, musi go opuścić z powodu awansu, który prowadzi ją do Rosji, gdyż Jed nie ma odwagi zrobić nic, co mogłoby ją zatrzymać. Kiedy po dziesięciu latach kochankowie spotykają się ponownie, zdają sobie sprawę, że ich życie jako pary mogło potoczyć się innym torem (małżeństwo, dzieci itp.), ale jest już za późno. Czują ogromny żal. W powieści Houellebecqa nigdy nie ma szczęśliwej miłości, a ostatecznie Olga jest porażką w życiu Jeda, ponieważ był zbyt tchórzliwy, by się poświęcić. Ten żal będzie go prześladował do ostatniego dnia.

MARILYN PRIGENT

Marilyn, agentka prasowa, w znacznym stopniu przyczynia się do szybkiego wejścia Jeda Martina na rynek sztuki i do jego sukcesu. Fizycznie jest zupełnym przeciwieństwem Olgi: opisana jest jako "drobna, wątła rzecz, chuda i prawie garbata" (s. 78). Jednak kilka lat później, gdy Jed przygotowuje wystawę swoich obrazów *Seria zawodów*, przeszła radykalną zmianę i bez wstydu wyznaje, że prowadzi nieokiełznane życie seksualne.

MICHEL HOUELLEBECQ

Bohater Michela Houellebecqa to szczyt mizantropii. Żyjąc samotnie w Irlandii z psem o ironicznym imieniu Plato jako jedynym towarzyszem, głęboko gardzi światem i całą ludzkością. Po jego zabójstwie policja, badając jego życie osobiste, odkrywa, że było ono praktycznie puste (żadnych przyjaciół, żadnych romansów itp.). Jego ścięte i poszatkowane zwłoki rozrzucone po całym salonie przypominają abstrakcyjny obraz Pollocka i służą jako przypomnienie koncepcji "performance" i "body art" (s. 351). Pojęcia te to typowe zjawiska artystyczne, w których ciało artysty staje się dziełem sztuki (np.: symbole rysowane na brzuchu nożem, ciało pokryte miodem i muchami, artysta uwięziony w bańce na ulicy itp.) W pewien sposób Houellebecq kpi z tych ekstremalnych praktyk w dziedzinie sztuki współczesnej, inscenizując własną śmierć, ironicznie zrównaną z artystycznym performance.

ANALIZA

RYNEK SZTUKI WSPÓŁCZESNEJ

Mapa i terytorium została doceniona przez krytyków za wściekły opis współczesnego rynku sztuki. Rzeczywiście, opisany w powieści świat artystyczny funkcjonuje tylko w kategoriach rynku, a dzieło sztuki traktowane jest jako produkt społeczny i ekonomiczny.

Kariera Jeda zmienia się więc na lepsze, gdy zaczyna fotografować mapy drogowe Michelin, co jest ironią losu, biorąc pod uwagę, że temat jest pozbawiony wartości artystycznej. Te zdjęcia zapewniają mu jednak patronat potężnej branży, co naprawdę wprowadza go w świat sztuki. W tym przypadku czytelnik otrzymuje wgląd w definicję Pierre'a Bourdieu (francuski socjolog, 1930-2002) dotyczącą wartości dzieła sztuki. W skrócie i uproszczeniu, dzieło sztuki zyskuje wartość, gdy grupa jednostek (mających mniejszy lub większy wpływ na pole kultury) decyduje, że dane dzieło ma wartość.

Istnieje zatem następujący paradoks: dzieło sztuki ma wartość, gdy ludzie tak twierdzą, co jest formą tautologii i może wydawać się absurdalne. Niemniej jednak, tak właśnie funkcjonuje świat sztuki. Sukces Jeda jest tak naprawdę zaaranżowany przez firmę Michelin (która robi to w interesie ekonomicznym) i przez genialnego agenta prasowego, który sprawia, że jest on widoczny dla gazet. Rolą tych gazet i krytyków jest "wytworzenie pewnego rodzaju dyskursu teoretycznego" (s. 159) w celu uprawomocnienia pracy Jeda poprzez umieszczenie jej w jakimś kontekście, nurcie artystycznym. Innymi słowy, w ramy historii sztuki. W Mapa i Terytorium kariera artystyczna Jeda zależy jedynie od strategii ekonomicznych i taktyk dziennikarskich.

OBJAWY UMIERAJĄCEGO SPOŁECZEŃSTWA

Houellebecq, już od pierwszych powieści, czerpie przyjemność z opisywania umierającego społeczeństwa, zżeranego przez niepokój i depresję. Jest to podobno wynik kilku czynników:

- Nasze współczesne społeczeństwo jest społeczeństwem kapitalistycznym, w którym rządzi pieniądz (zob. także jego opis rynku sztuki) i w którym przynęta zysku zabija wszystkie związki (Olga opuszcza Jeda w związku z awansem, który prowadzi ją do Rosji; Houellebecq zostaje zamordowany, aby ukraść swój portret, który jest wart 700 000 euro itd.)

- Nasze zachodnie społeczeństwo jest świeckie, co oznacza, że wykluczyło Boga (i jakiekolwiek inne Bóstwo) ze swojego systemu myślowego, co jest źródłem rozpaczy. Houellebecq wydaje się jednak bardzo lekceważąco podchodzić do instytucji religijnej.

- Kluczowym punktem w twórczości Houellebecqa jest to, że umierająca lub niezdrowa seksualność bohaterów jest najwyższym symbolem społeczeństwa w niebezpieczeństwie. Kiedy Jed i Olga spotykają się ponownie, dziesięć lat później, nie mogą się już kochać. Houellebecq odwiedza domy publiczne w Tajlandii, inspektor Jasselin jest seksualnie impotentny itd.

• Seksualność, która należy do najbardziej intymnej sfery jednostki, jest albo wykrwawiona na sucho, albo zdewaluowana, a co więcej, powoduje smutek i melancholię bohaterów. Na przykład pod koniec życia Jed ma retrospekcje dotyczące swojego przeszłego życia seksualnego ("Pamiętał inne wspomnienia giętkich piersi, zwinnych języków, ciasnych wagin" s. 427), co budzi w nim potworną melancholię. Seks staje się symbolem, na poziomie indywidualnego podmiotu, społeczeństwa, które zawodzi w każdym aspekcie.

IRONIA – ZNAK FIRMOWY HOUELLEBECQA

Styl Houellebecqa charakteryzuje się silną ironią, graniczącą niekiedy z czarnym humorem. Oto kilka jego cech charakterystycznych, które można znaleźć w *"Mapie i terytorium"*:

• Houellebecq stosuje często, jeśli nie przesadnie, stereotypowe cytaty, pokazane kursywą: "W ciągu ostatnich dziesięciu lat on [Jed] *stworzył dzieło*, jak to się mówi" (s. 241); "byli razem szczęśliwi i zapewne będą w przyszłości, *dopóki śmierć ich nie rozłączy*" (s. 299); "Można powiedzieć, że mieli przed sobą jeszcze *kilka dobrych lat" (s.* 330). Zastosowanie kursywy przy niektórych wyrażeniach może wydawać się niepozorne; w rzeczywistości technika ta wprowadza ironiczny dystans pomiędzy użytymi formułami a stanowiskiem autora, który zdaje się jednocześnie z nich kpić.

• Liczne fragmenty w *Mapie i terytorium* przybierają postać długich opisów encyklopedycznych, niektóre opisy są wprost zaczerpnięte z Wikipedii; technika ta zbliża Houellebecqa do Lautréamonta (pisarz francuski, 1846-1870), który zastosował tę samą technikę w *Pieśniach Maldorora* (1869). Houellebecq pisze na przykład: "Mercedes-Benz klasy C, Mercedes-Benz klasy E są bardziej paradygmatyczne. Mercedes to przede wszystkim samochód, który preferują ci, którzy nie dbają zbytnio o samochody, którzy wybierają bezpieczeństwo i komfort nad *przyjemnością jazdy*" (s. 355); "Oligospermia może być spowodowana różnymi czynnikami: skrętem jądra, zanik jądra, deficyt hormonalny, przewlekłe infekcje gruczołu krokowego, grypa i inne przyczyny." (p. 297). Technika ta może być zakwalifikowana jako ironiczna o tyle, że dyskredytuje (a zarazem wyśmiewa) samą pracę pisarza, który ma w całości wymyślać swoją historię, a nie zapożyczać kawałki z dokumentów encyklopedycznych.

- Houellebecq wprowadza jako bohaterów *Mapy i terytorium* kilka współczesnych francuskich osobowości, często opisywanych lub szkicowanych z dużą dozą humoru i dystansu. Na przykład spotykamy Juliena Lepersa, Jean-Pierre'a Pernauda, Frédérica Beigbedera, samego Michela Houellebecqa i Claire Chazal. Houellebecq bawi się opisując siebie jako alkoholika i chama w głębokiej depresji, co nie do końca jest prawdą w rzeczywistości, gdyż te cechy są bardziej związane z jego twórczością literacką i obrazem, jaki stara się nadać sobie, mianowicie ze względów marketingowych.

KONTEKST RECEPCJI DZIEŁA

W 2010 roku Houellebecq otrzymał Prix Goncourt za *Mapę i terytorium,* w kontekście literackim, który jest emblematyczny dla sytuacji literatury w dzisiejszych czasach. Podczas gdy co roku ukazuje się ogromna ilość książek, nagroda literacka daje możliwość wyróżnienia jednego dzieła spośród innych i zwiększenia sprzedaży przez wydawcę. Książka, która otrzymała prestiżową nagrodę może odpowiadać za ponad jedną trzecią całkowitych przychodów wydawnictwa, stąd szalona konkurencja między poszczególnymi wydawnictwami. Tak jak świat sztuki, tak i świat literatury jest rynkiem.

Dlatego wielu krytyków zarzucało Houellebecqowi, że napisał *Mapę i terytorium* z wyraźnym zamiarem uzyskania Prix Goncourt, przy wsparciu swojego wydawnictwa, Flammarion. Na poparcie tego oskarżenia zdaje się wskazywać następujący fakt:

- Praktyka "rzucania sławnymi nazwiskami", czyli pojawiania się w powieści różnych francuskich celebrytów;

- Obecność morderstwa i jego późniejsze śledztwo, akurat wtedy, gdy modne stały się powieści detektywistyczne;

- A przede wszystkim to, że Houellebecq złagodził przemoc swojego dyskursu w porównaniu z poprzednimi powieściami, tak aby uczynić ją akceptowalną w oczach jury (nie ma na przykład ponurych scen seksu, jak w *"Możliwości wyspy"*).

W dodatku Houellebecq jest wydawany przez Flammarion, który nie otrzymał Prix Goncourt od czterech lat, a jury można łatwo oskarżyć o faworyzowanie jednego wydawnictwa, jeśli ma ono tendencję do celebrowania swoich pisarzy ponad innymi. Co więcej, Houellebecq był już trzykrotnie nominowany do Goncourtów, nigdy nie otrzymując nagrody. Wiele czynników, które nie mają nic wspólnego z literaturą jako taką, prawdopodobnie odegrało rolę w otrzymaniu przez niego nagrody, co z kolei przyczyniło się do sukcesu książki.

DALSZA REFLEKSJA

KILKA PYTAŃ DO PRZEMYŚLENIA...

- Opisz w kilku etapach karierę zawodową Jeda Martina. Czemu zawdzięcza swój sukces (kontakty, talent, szczęście itp.)?

- W jakim stopniu życie Jeda Martina, opisane w Mapa i Terytorium, przypomina niektóre elementy życia Houellebecqa?

- Co to jest "body art"? Jakie jest Twoje zdanie na temat tej formy sztuki? Czy uważasz, że naprawdę można ją uznać za sztukę? Omów.

- Jak można powiedzieć, że świat sztuki to rynek?

- Rozwiń temat ubóstwa seksualnego w powieści. Jaki jest jej związek z zachodnim społeczeństwem kapitalistycznym opisanym przez Houellebecqa?

- Jak można określić stylistyczną technikę kolażu Houellebecqa? Który autor XIX wieku stosował już tę technikę?

- W jaki sposób styl Houellebecqa opiera się na ironii i czarnym humorze?

- Dlaczego Twoim zdaniem Houellebecq jest jednym z najbardziej znanych francuskich pisarzy współczesnych?

- Co sądzisz o tym, że Houellebecq umieszcza w swojej powieści samego siebie i o obrazie, jaki daje. Jaki jest według Ciebie cel jego działań?

DALSZE CZYTANIE

WYDANIE REFERENCYJNE

Houellebecq, M. (2010) *La Carte et le Territoire*. Paris: Flammarion.

Chcemy usłyszeć od Ciebie, co się dzieje!
Zostaw komentarz na temat swojej internetowej biblioteki
i podziel się swoimi ulubionymi książkami w mediach społecznościowych!

www.50minutes.com

Master ISBN: 9782808694889
Papierowy ISBN: 9782808616287
Depozyt prawny: D/2023/12603/1908

Verhaal: © Primento

Projekt cyfrowy: Primento, cyfrowy partner wydawców.